Das ist Emma
und ihr ist furchtbar langweilig.

Alle ihre Freunde sind mit den Eltern in die Ferien geflogen.

Doch als die kleine Möwe nach Hause kommt, wartet dort ihr Opa auf sie.

Er will einen ausgiebigen Strandspaziergang mit ihr unternehmen.
Alle Langeweile ist verflogen!

An großen und kleinen Schiffen vorbei,

wandern die beiden in Richtung Sandstrand.

Als sie dort ankommen, sehen sie einen traurigen kleinen Raben im Watt stehen.

Verzweifelt sucht er seine schöne Sandburg, die er dort am vorigen Tag gebaut hat.

Er erzählt ihnen, daß er Max heißt und zum ersten Mal am Meer ist.

Bei seiner Ankunft hatte er über den riesigen Strand gestaunt
und am Horizont große Schiffe gesehen.

Sofort fing er an, mit Feuereifer eine Sandburg zu bauen.

Am nächsten Tag wollte er sie noch mit bunten Muscheln schmücken.
Doch nun war die Burg verschwunden! Wo ist sie nur?

Emmas Opa nimmt den traurigen kleinen Raben tröstend an die Hand und verspricht,

ihm alles über das Meer und die verschwundene Sandburg zu erklären.

Und er erzählt Emma und Max von der Anziehungskraft des Mondes, die die Wasserhöhe der Meere ungefähr sechs Stunden lang allmählich ansteigen läßt – das nennt man Flut.

Das Wasser überschwemmt einen Teil des Strandes und kann dabei sogar eine Sandburg zerstören.

Dann nimmt die Wasserhöhe sechs Stunden lang allmählich wieder ab
– das nennt man Ebbe.

Bei Ebbe liegt ein Teil des Meeresbodens frei. Das ist das Watt.
Bei der nächsten Flut überspült das Wasser das Watt wieder.

Der Möwenopa warnt die beiden eindringlich davor, bei steigendem Wasser nach draußen in das Watt zu wandern oder dort zu spielen ...

HOCHWASSER 05:41 / 17:56
NIEDRIGWASSER 00:10 / 12:23
WATTWANDERN 10:00 – 12:30
BADEZEIT 16:30 – 18:30

... und er erzählt ihnen von den großen Hinweistafeln am Strand, auf denen zu lesen ist, wann man ohne Gefahr im Watt laufen kann.

Da gerade Ebbe ist, kann der Möwenopa ohne Gefahr
Emma und Max die Tierwelt im Watt zeigen.

Die kleinen Häufchen im Watt zeigen,
daß darunter Wattwürmer leben.

„Dwarslöper" sind Krebse, die man so nennt, weil sie quer laufen.

Seehunde und Robben aalen sich auf den Sandbänken in der Sonne.

Wattwürmer leben versteckt im Meeresboden.

Austernfischer suchen mit ihren langen roten Schnäbeln im Boden nach Muscheln und kleinen Krebsen.

Als Emma und Max nach diesem aufregenden Tag erschöpft,
aber glücklich in ihren Schlafnestern liegen,

... träumen sie von Ebbe und Flut, den immer wechselnden Gezeiten am Meer.

Am nächsten Tag darf Emma allein an den Strand gehen.

Sie hofft, daß ihr neuer Freund Max auch dort ist.

Und tatsächlich, der kleine Rabe war schon ganz früh an den Strand gekommen ...

... und hatte sich eine neue Strandburg gebaut.

In der gemütlichen Burg erzählen sich die beiden ihren Traum von Ebbe und Flut.

Sie fragen sich, wohin das ganze Wasser bei Ebbe wohl verschwindet.
Ob ihnen jemand diese Frage beantworten kann?

Da noch keine Gefahr besteht, von der Flut überrascht zu werden,

... lädt Max die kleine Möwe zu einem leckeren Picknick ein.

Der kleine Rabe zeigt seiner Freundin, wie herrlich man im Watt
mit dem Sand und den Muscheln spielen kann.

Die Zeit vergeht wie im Fluge.

Als die blaue Wasserlinie am Horizont immer breiter wird,
denken die beiden an die warnenden Worte von Emmas Opa.

Sie packen ihre Spielsachen zusammen und gehen zurück zu den Strandkörben.

Das Wasser kommt immer näher, und Max wird ganz traurig,
als seine Sandburg unter den Wellen verschwindet.

Aber Emma tröstet ihn und verspricht, gleich morgen mit ihm eine neue,
noch schönere Burg zu bauen.

Immer höher steigt die Flut, und alle freuen sich auf ein Bad im Meer.
Max kann aber gar nicht schwimmen – was nun?

„Kein Problem", meint Emma. Sie gibt ihm ihren Schwimmring,
und so kann Max das erste Mal im Meer planschen.

Max fühlt sich pudelwohl im salzigen Wasser.

Selbst die Qualle, die sich auf seinen Kopf gesetzt hat,
stört ihn nicht. Er ist einfach nur glücklich.

Emma und Max treffen eine Robbe am Strand, die schon
weit in der Welt herumgekommen ist.

Ob sie wohl weiß, wo das Wasser bei Ebbe bleibt?

„Das kann ich Euch erklären!", sagt die Robbe. Sie holt einen Globus ...

... und eine große Muschelschale aus ihrem Seesack und füllt sie mit Wasser.

Sie kippt die Muschel nach hinten, und das Wasser läuft weg, genau wie bei Ebbe.

Auf der gegenüberliegenden Seite steigt das Wasser an, wie bei Flut.

Dann kippt die Robbe die Muschel nach vorne, und das Wasser fließt wieder zurück ...

... genauso, als komme die Flut, während auf der anderen Seite wieder Ebbe ist.

Und so ähnlich bewegen Mond und Erdumdrehung die Meere – jeden Tag.

Wenn bei uns Ebbe ist, ist anderswo auf der Erde Flut.
Und die Robbe zeigt es Emma und Max auf dem Globus.